BEI GRIN MACHT SICH IHR WISSEN BEZAHLT

- Wir veröffentlichen Ihre Hausarbeit, Bachelor- und Masterarbeit

- Ihr eigenes eBook und Buch - weltweit in allen wichtigen Shops

- Verdienen Sie an jedem Verkauf

Jetzt bei www.GRIN.com hochladen und kostenlos publizieren

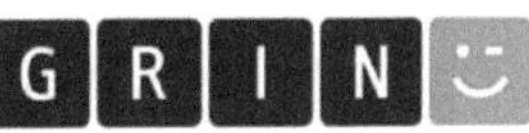

Bibliografische Information der Deutschen Nationalbibliothek:

Die Deutsche Bibliothek verzeichnet diese Publikation in der Deutschen National-
bibliografie; detaillierte bibliografische Daten sind im Internet über http://dnb.d-
nb.de/ abrufbar.

Impressum:

Copyright © 2010 GRIN Verlag, Open Publishing GmbH
Druck und Bindung: Books on Demand GmbH, Norderstedt Germany
ISBN: 9783640583713

Dieses Buch bei GRIN:

http://www.grin.com/de/e-book/146609/portraitmalerei-tizians-karl-v-im-lehnstuhl-
und-francois-boucher-madame

Christl Hinte

Portraitmalerei Tizians "Karl V. im Lehnstuhl" und Francois Boucher "Madame de Pompadour"

GRIN Verlag

Mikromodul: „Exkursion I"

25.02.2010

Semester: WS 09/10

Portraitmalerei

Tizians „Karl V. im Lehnstuhl"

und

Francois Boucher „Madame de Pompadour"

Christl Hinte

B.A. Kunstgeschichte und Geschichte

7. Semester WS 09/10

Gliederung

1. Einführung

Ziel dieser Hausarbeit ist es, die charakteristischen Eigenschaften der Portraitmalerei und den Wandel dieser Bildgattung anhand zweier Beispiele aufzuzeigen. Hierzu werde ich zu Beginn einen kurzen Überblick über den Bildtypus „Portrait" geben. Dieser Überblick ist als Grundlage gemeint, und soll dem Verständnis der darauf folgenden beiden Beispiele dienen.
Im Haptteil soll der venezianische Renaissance-Künstler Tizian, seine Malweise im Portrait und das Gemälde „Karl V. im Lehnstuhl" genauer betrachtet werden.
Als zweites Beispiel dient dann Francois Boucher und sein Portrait der Madame de Pompadour aus dem Jahre 1756.
Zum Schluss wird ein Vergleich beider Werke in einem Fazit bemüht.

2. Das Portrait

Die Gattung des Portraits ist bereits mehrere Tausend Jahre alt. Aus dem alten Ägypten sind uns figürliche Darstellungen mit individuellen Zügen der Portraitierten aus dem 3. Jahrtausend vor Christus erhalten geblieben. Auch in der griechischen Antike wurden Kunstwerke mit portraitähnlichem Charakter geschaffen – portraitähnlich, weil die Darstellung von Kopf und Körper dem damaligen Wunschbild entsprechend idealisiert wurde; hier fehlt uns also der individuelle Zug des Portraitierten.[1]
In Europa tritt die Gattung des Portraits erstmals wieder im 14. Jahrhundert, in der Spätgotik, auf. Zu dieser Zeit wird der Darstellung des Kopfes als Träger charakteristischer Wesenszüge des oder der Abgebildeten erstmals besondere Aufmerksamkeit beigemessen. In den Kunstwerken aus vorangegangenen Jahrhunderten, die eine Person separat und wesenhaft wiedergeben sollen, lassen sich an Stelle der individuellen Gesichtszüge repräsentative Beigaben, wie z.B. Standesabzeichen oder die symbolhafte Darstellung der Herkunftsstadt wiederfinden. Diese Beigaben übernehmen hier die Funktion des individuellen Wiedererkennungswertes.
Obwohl die Gattung des Portraits in Europa seit dem 14. Jahrhundert wieder bekannt ist, kann sie sich doch erst in der Renaissance wirklich etablieren. Als Wegbereiter des Erfolgs des Portraits ist hier besonders Albrecht Dürer zu nennen, dem dann Leonardo da Vinci, Raffael

---

1 Http://de.wikipedia.org/wiki/Port%C3%A4t

und Tizian, auf den im weiteren verlauf dieser Hausarbeit noch näher eingegangen werden soll, folgen.

2.1. Formen des Portraits

Je nachdem, wie viele Personen im Bildnis dargestellt werden, wird das Portrait in „Einzelportrait", „Doppelportrait", „Dreifachportrait" oder „Gruppenportrait" unterschieden. Eine weitere Unterteilung erfolgt gemäß dem gewählten Ausschnitt der Darstellung. So zeigt ein „Kopfbild" lediglich die Darstellung des Kopfes samt Hals ohne weitere Abbildung des Oberkörpers.Beim „Schulterstück" wird die Schulterpartie des Dargestellten miteinbezogen, während das „Bruststück" bereits große Abschnitte des Rumpfes mit Schultern und Armabschnitten bietet. Die „Halbfigur" bildet den gesamten Oberkörper bis zur Taille ab, ebenso die meist angewinkelten Arme und die Hände des Portraitierten. Das „Hüftbild" zeigt den Oberkörper bis zum Schritt, während das „Kniestück" den Dargestellten, sitzend oder stehend, schon bis zum Knie aufweist. Die vollständige Abbildung einer Person oder Figur wird als „Ganzfigur" bezeichnet, wobei der Portraitierte hier ebenfalls entweder stehend oder sitzend dargestellt wird.

Weiterhin wird das Portrait nach dem Grad der Drehung des Kopfes unterschieden. Hierbei gibt es die Vorderansicht des Gesichtes, sozusagen die Darstellung „en face", während das Halbprofil ein halb von der Seite gemaltes Portrait zeigt. Bei einem Dreiviertelprofil ist eine Kopfseite voll zu sehen, und die andere nur in starker Verkürzung. Ein Profil hingegen zeigt ein zur Seite gedrehtes Gesicht. [2],[3],[4]

2.2 Aufgabe des Portraits

Die Hauptaufgabe des Portraits besteht darin, das Wesen des Portraitierten zum Ausdruck zu bringen, indem es die charakteristischen Züge des Dargestellten zeigt. Es ist die bildhafte Vertretung des Nicht-Anwesenden. Sein Andenken soll erhalten bleiben und somit sowohl die räumliche als auch zeitlich Distanz überbrücken, die zwischen dem Akt des Portraitieren und der Betrachtung des Portraits liegt.[5] Da Portraits anfänglich nur von sehr mächtigen Figuren der Geschichte angefertigt wurden, haftet dem Portrait vor allem auch ein machtpolitischer Zug an. Auch das Umfeld, in dem der Portraitierte dargestellt ist, wirkt als Botschaft für den

---

2 Klára Garas „Italian Renaissance Portraits" S. 5-7
3 Norbert Schneider „Portraitmalerei", S. 8
4 Http://de.wikipedia.org/wiki/Portr%C3%A4t
5 Ebenda, S. 26

Betrachter; es ist ein Moment „intentionaler Setzung" ein „komponiertes Beiwerk", welches dem Beobachter etwas über die Interessen, Willenshaltungen und Wertvorstellungen mitteilen möchte.[6]

In der Renaissance ist die Kunst des Portraits zu ihrer höchsten, naturalistischsten Form herausgearbeitet worden; den Künstlern gelang es erstmals den Portraits die Bedeutung von Charakterbildern zu verleihen.[7]

Ab dem 17. Jahrhundert wächst dann die Bedeutung der Auftragsmalerei, besonders in der Gattung des Portraits, welches dann in besonderem Maße für die Standesrepräsentation funktionalisiert wird.

2.3   Das Herrscherbildnis/ Repräsentationsbild

Neben der charakteristischen Darstellung des Portraitierten, kommt dem Herrscherbildnis eine weitere Funktion zu. Hier soll die genaue Zugehörigkeit des Abgebildeten zu einer Dynastie festgestellt werden; im Bilde werden die bestehenden Macht- und Besitzansprüche optisch geregelt.

Im Herrscher- oder Repräsentationsbildnis lassen sich dafür in der Regel die spezifischen „Attribute des Standesgemäßen" ausmachen. Dies wäre z.B ein klarer, symmetrischer Bildaufbau, der die Würde und Hoheit der gezeigten Figur wiederspiegelt. Die standesgemäße Erscheinung des Dargestellten drückt sich in der kostbaren Kleidung aus, ebenso wie kostbarer Schmuck auf Reichtum oder auch Familientraditionen verweist. Im Portrait lassen sich zudem in den meisten Fällen architektonische Würdemotive, wie Pilaster oder Säulen finden; sie belegen die edle Herkunft und den Kulturbesitz. Auch eine offene Landschaft im Hintergrund ist typisch für ein Herrscher- oder Repräsentationsbildnis. Sie soll Beweis sein für den edlen Charakter und die Weltoffenheit des Dargestellten. In vielen repräsentativen Portraits lässt sich außerdem noch ein in lateinischer Sprache verfasster Vers finden, der auf die gute Bildung hinweist.

---

6   Ebenda, S. 22
7   Klára Garas „Italian Renaissance Portraits", S. 8

3.   Tizian und das Portrait

Tiziano Vecellio, genannt Tizian, gilt als einer der bedeutendsten Maler der italienischen Hochrenaissance. Tizian wurde wahrscheinlich zwischen 1488 und 1492 in Pieve di Cadore geboren und verstarb am 27. August 1576 in Venedig an der Pest.

Tizians Werke zeichnen sich vor allem durch ihr leuchtendes Kolorit aus, so ist z. B. die Farbe „Tizianrot" nach dem venezianischen Maler benannt.

Zeit seines Lebens war Tizian ausgesprochen erfolgreich als Maler tätig, er stieg zum Hofmaler der Reichen und Mächtigen auf und malte so für Päpste, Dogen, Adelige und wurde von Kaiser Karl V. sogar in den Stand des Adels erhoben.

Die Portraitkunst erfährt unter Tizian eine enorme Aufwertung.[8] In seinen Portraits kommt er weitgehend ohne Dekorationen und schmückende Attribute , wie Krone oder Zepter, aus; ebenso fehlen die oft zur Ergänzung eingesetzten allegorischen Figuren. Ebenso verzichtet Tizian zu großen Teilen auf die realistische Wiedergabe des Stofflichen.[9]

Das Zusammenspiel von Komposition, Haltung und Kolorit sind in seinen Werken der ausschlaggebende Punkt der Persönlichkeitsdarstellung. Er konzentriert sich auf die Augen, den Kopf und die Hände des Portraitierten um das wahre Wesen des Dargestellten hervorzubringen und seine Würde zu steigern. Dies setzt beim Künstler ein hohes Maß an psychologischer Beobachtung voraus. [10]

3.1.   Tizian und Karl V.

Karl V., der von 1500 bis 1558 lebte, war der letzte mittelalterliche Kaiser des Heiligen Römischen Reiches   deutscher Nation. Seine Regierungszeit war geprägt durch die Auseinandersetzungen mit den Protestanten und seinen Erbstreitigkeiten mit König Franz I. von Frankreich.

Der erste Kontakt zwischen Kaiser Karl V. und dem berühmten venezianischen Maler kam 1529 zustande. Von hier an steigt Tizian sehr schnell zum Hofmaler Karls auf; der Kaiser will nur noch von ihm portraitiert werden.[11] Zu Beginn des Jahres 1548 reist Tizian nach Augsburg, wo sich der Kaiser gerade mit den Auswirkung der Gegenreformation auseinandersetzt, um Karl zwei weitere Male zu malen. Hier entstehen die Bilder „Karl V. im

---

8   Klára Garas „Italian Renaissance Portraits" S. 12, 13
9   Andreas Beyer „Das Portrait in der Malerei", S. 162
10 Antonio Paolucci „The Portraits of Titian"
11 Andreas Beyer „Das Portrait in der Malerei" S. 168

Lehnstuhl", welches im weiteren Verlauf noch genauer beschrieben wird, und „Kaiser Karl V. nach der Schlacht am Mühlberg". Diese beiden Gemälde ergänzen einander; während das erstere den Kaiser als blassen, älteren Herren zeigt, ist das letztere eine strahlende Wiedergabe Karls als siegreichen Herrscher auf der Höhe eines seiner Triumphe. [12]

3.2. Bildbeschreibung „Karl V. im Lehnstuhl"

Das Gemälde „Karl V. im Lehnstuhl" von Tizian ist der Bildgattung des Portraits im allgemeinen und dem Herrscherbildnis im Besonderen zuzuordnen. Es ist im Jahr 1548 entstanden, misst 203,5 x 122 cm und wurde mit Öl auf Leinwand gefertigt und befindet sich heute in der Alten Pinakothek in München.

Das Bild zeigt, wie der Titel schon vermuten lässt, Kaiser Karl V. im Lehnstuhl. Er befindet sich in einer Säulenhalle, die sich rechter Hand in eine weite Landschaft nach außen öffnet. Der Stuhl des Kaisers findet sich in der linken Bildhälfte; er steht schräg vor einer Säule, die von einem Wandschirm halb verdeckt wird.

Karl scheint zum Ausgehen gekleidet, er trägt sowohl Mütze und Mantel als auch seinen Degen und die Handschuhe bei sich. Der einzige Schmuck, der ihn bekleidet, ist das Goldene Vlies, ein hoher Orden aus seiner burgundischen Erbschaft. Die einheitlich dunkle Kleidung gibt der Figur Schwere und Gewicht; dieser Eindruck wird besonders durch den schwer wirkenden Mantel mit dem Pelzbesatz noch unterstrichen. Zugleich schafft die düstere Farbegebung einen scharfen Kontrast zum bleichen, schmalen Gesicht des Kaisers, welches über seiner Garderobe regelrecht zu leuchten scheint. Das Antlitz Karls wird beherrscht von seinen Augen, der Mund wird von einem feinen ironischen Zug leicht umspielt und das charakteristische, stark vorstehende Kinn der Habsburger ist zwar erkennbar, bleibt jedoch im Bart verborgen. Er sitzt entspannt auf dem Lehnstuhl; geradezu lässig scheint er sich auf seinen Arm zu stützen. Diese Entspanntheit könnte auf den soeben errungenen Sieg über den protestantischen Fürstenbund bei der Schlacht am Mühlberg hinweisen, denn nun ist Karl auf der Höhe seiner Macht. [13]

Im bleichen Gesicht des Kaisers zeigt sich, dass die Farbe Tizians stärkstes Ausdrucksmittel war. Hier stellt er die blassen, menschlichen Züge des alternden, von der Gicht geplagten Herrschers heraus. Viel lässt sich aus diesem Gesicht ablesen, Ernst Buschor nennt ihn einen

---

12 Angelo Walther „Tizian", S. 77
13 http://kunst.gymszbad.de

„verbissenen Hüter eines Weltenamtes"[14]. Einerseits kann man die quälenden politischen und religiösen Zweifel sehen, die möglicherweise an Karl nagen. Andererseits zeigt es die mangelnde Gesundheit des Kaisers: Karl altert, durch seine übermäßige Völlerei verschlimmert sich seine Gicht immer mehr. Er gilt als gefräßig und gierig. Die Zähne sind ihm zum größten Teil ausgefallen; er kann nur schlecht kauen, deshalb schlingt er seine Nahrung runter. Zudem litt er unter verschiedenen Verdauungsproblemen, Hämorrhoiden und immer wiederkehrenden schweren Asthma.[15]

Abgesehen von den körperlichen Leiden, die sich im Portrait des Kaisers ablesen lassen, könnte das Gemälde auch einer scheuen, privaten Charakterisierung Kaiser Karls V. gleichkommen.[16] Das leicht ironisch wirkende Gesicht, die ausruhende Haltung und der klar herausgearbeitete Ausdruck seiner Augen, lassen bei genauerer Betrachtung die Charaktereigenschaften des Kaisers erkennen, die ihm vielfach von seinen Zeitgenossen zugesprochen wurden. So soll er z.B. einen ausgeprägten Hang zur Grübelei, zur Starrköpfigkeit und zur Schwermut gehabt haben, allerdings aber auch Ausdauer und Temperament besessen haben.

Trotz der privaten Darstellung Karls handelt es sich bei dem Gemälde „Karl V. im Lehnstuhl" um ein genuines Herrscherbildnis. Fast alle Attribute des Standesgemäßen lassen sich im Bilde ausfindig machen. So ist der Kaiser ganzfigurig und sitzend dargestellt, 'sitzen' duften damals im Portrait nur Papst und Kaiser.[17] Tizian wusste durch sein großes Talent in der farblichen Darstellung den Holzsessel optisch in einen Thron zu verwandeln; dieser Eindruck entsteht hauptsächlich durch den mit Goldbrokat bespannten Wandschirm im Hintergrund und dadurch, dass der Lehnstuhl auf einem hochroten Teppich platziert ist. Die rote Farbe ist hier bewusst eingesetzt, um den Betrachter an das königliche Purpur zu erinnern. Zudem ist sie die einzig starke Farbe im Bild. Tizians stärkstes Ausdrucksmittel ist die Farbe; in diesem Bild lassen sich viele Abstufungen sowohl blasser als auch düsterer Farben finden, dennoch wirkt das kräftige Rot am dominantesten.[18]

Es ist eine Darstellung Karls ohne Reichsinsignien, dennoch erscheint der Kaiser hier nicht als Privatmann, sondern ist vielmehr als Universalmonarch anzusehen. [19]

Weitere offensichtliche Attribute des Standesgemäßen, und somit unverkennbare Hinweise

---

14 Ernst Buschor „Das Portrait", S. 190
15 Angelo Walther „Tizian", S. 78
16 Filippo Pedrocco „Tizian", S. 53
17 Roland Bothner „Venezianische Malerei – Tizian – Tintoretto – Veronese", S. 68
18 http://kunst.gymszbad.de
19 Ebenda, S. 76

auf ein Herrscherbildnis, sind die senkrecht-waagerechte Gliederung im Bild durch die Säule und den Balkonausschnitt, die Säule an sich, welche immer als Würdemotiv gilt, und die ideale Landschaft im Hintergrund, die auf die edle Herkunft und den weltoffenen Charakter des Kaisers verweisen will.

4.   Francois Boucher und das Portrait

Francois Boucher, der am 29. September 1703 in Paris geboren wurde und am 30.05.1770 auch dort verstarb, war ein bedeutender Maler, Zeichner, Kupferstecher und Dekorateur des französischen Rokoko. Ab 1734 war er hauptsächlich für das französische Königshaus Ludwig XV. tätig; insbesondere für die Madame de Pompadour, die er insgesamt 9 Mal portraitierte.[20] Boucher ist bekannt für seine lasziven, sinnlichen, allegorischen und auch frivolen Motive.

Im Gegensatz zu Tizian ist Boucher eigentlich kein Portraitist im eigentlichen Sinne, da die individuellen, persönlichen Züge der Portraitierten nahezu nie vorhanden sind. Boucher stellt weder das Individuelle, noch das Charakteristische seiner Modelle heraus; er hat sogar Schwierigkeiten verschiedene Altersstufen herauszuarbeiten. Er malt das Ideal des Rokoko: die weibliche Grazie, einen nymphenhaft weiblichen Typus, der eher als „hübsch" denn als „schön" zu bezeichnen ist.[21]

Boucher konzentriert sich in seiner Malweise auf das Dekorative; was erneut einen Gegensatz zu Tizian darstellt, der in seinen Gemälden fast vollständig auf dekorative Elemente verzichtet. Francois Boucher allerdings arbeitet jedes dekorative Detail mit nahezu dokumentarischer Genauigkeit heraus, besonders die Darstellung prunkvoller Gewänder sticht durch die glänzende Farbigkeit und detailgetreue Wiedergabe des Stofflichen hervor.[22] Die von ihm mit Vorliebe und großer Sorgfalt ausgeführten Details und Beigaben sind es auch, die seinen Bildern den individuellen Charakter von Portraits verleihen, da sie den Bezug zu den portraitierten Personen darstellen.

20 www.pompadour.historicum-archiv.net
21 Bernhard Rupprecht „Bouchers Pompadour-Porträt von 1756", S. 278
22 www.pompadour.historicum-archiv.net

4.1. Madame de Pompadour

Die Madame de Pompadour, geboren als Jeanne-Antoinette Poisson, wurde am 29.Dezember 1721 in Paris geboren und starb am 15. April 1764 in Versailles. Sie galt als vielseitig begabt, berechnend und ausnehmend schön, und ist als einzige der Mätressen Ludwig XV. von der Königin Maria Leszczynska zu Hofdame, also zur „dame du palais de la reine", erklärt worden. Ihre Intelligenz und Findigkeit in politischen Angelegenheiten machten sie zu eine der einflussreichsten Figuren in der französischen Politik der damaligen Zeit; viele wollen in ihr die zeitweise definitiv einflussreichste Person am Hof von Versailles gesehen haben.[23]

4.2. Bildbeschreibung „Madame de Pompadour"

Ebenso wie Tizians „Karl V. im Lehnstuhl", ist auch das Portrait der Madame de Pompadour von Francois Boucher dem Standes- oder Repräsentationsbild zuzuordnen. Im Jahre 1756 gefertigt, misst es 201 x 157 cm und ist in Öl auf Leinwand gemalt, und kann heute in der Alten Pinakothek in München betrachtet werden.

Im Zentrum des Gemäldes befindet sich die Mme de Pompadour, prächtig gekleidet und betont lässig, halb sitzend, halb liegend, auf ein Sitzmöbel gestreckt. Sie wird umrahmt von kostbaren Vorhängen, hinter ihr an der Wand befindet sich ein großer Spiegel; generell ist das Zimmer mit luxuriösen Möbeln und Accessoires ausgestattet.

Wurden früher nur Herrscher ganzfigurig dargestellt, so ist man im 18. Jahrhundert nicht mehr ganz so streng; auch die Marquise wird in diesem Gemälde Bouchers ganzfigurig portraitiert. Dies ist nicht die einzige Anspielung auf ein Herrscher- oder Staatsportrait[24], die sich im Bild ausmachen lässt. Das lebensgroße Format allein, verdeutlicht den hohen Anspruch der Madame de Pompadour[25]. Die schweren, und zweifelsohne teuren Vorhänge links und rechts der Madame wirken wie eine Bühne, und lassen uns einen kleinen Einblick in das extravagante Leben der Marquise de Pompadour nehmen.[26] Auch die wertvolle Ausstattung des Zimmers weist uns auf die Wichtigkeit der dargestellten Person hin. Im Spiegel hinter der Madame lassen sich Pilaster ausmachen; einer der Pilaster bildet eine gerade Linie mit dem Kopf der Madame de Pompadour. Pilaster und Säulen gelten nach wie vor als Würdemotiv, und kamen bis dato nur in Portraits von Männern vor.[27]

---

23 Jeanne Antoinette Poisson de Pompadour „Seien Sie immer heiter, wenn Sie immer schön bleiben wollen"
24 www.pompadour.historicum-archiv.net
25 ebenda
26 ebenda
27 www.pompadour.historicum-archiv.net

Das Portrait zeigt die Mätresse Ludwig XV. auf der Höhe ihrer Macht, was sich auch an ihrer betont lässigen Haltung auf der Chaiselongue erkennen lässt. Der Anlass für das Bild war ihre Ernennung zur Palastdame; sie ist also am Ziel ihrer politischen Bestrebungen angelangt, und kann es sich durchaus erlauben eine gewisse Entspannung an den Tag zu legen.[28]

Das Gemälde zeigt nicht nur einen außergewöhnlichen Reichtum an Requisiten und Accessoires, sondern weist auch auf den privaten Charakter der Requisiten hin, was das Bild zu einem Repräsentationsbild und einem Boudoir-Stück zugleich macht.[29] Die Polstermöbel, Seidenkissen, Korrespondenz, verschiedene Lektüre und weitere Utensilien für die Mußestunden kennzeichnen den Raum als ein privates Zimmer der Mätresse, und verdeutlichen zudem die scheinbare Absenz von Zeremoniell und Repräsentation im Bild.

Die ganzfigurige Darstellung der Marquise, die Accessoires, das Ambiente und das lebensgroße Format scheinen zwar zunächst den Anspruch auf ein Repräsentationsbild zu erheben, gleichzeitig wird dies aber durch die konkrete Darstellung widerlegt. Die vielen Anspielungen auf etwas, das sein könnte, ohne das „Etwas" genauer zu konkretisieren, sind typisch für die Zeit des hohen Rokokos.[30] Im Folgenden werde ich nun genauer auf die im Bild bestehenden Anspielungen auf ein Repräsentationsgemälde eingehen.

Da wäre zunächst einmal die Pose der Marquise, welche halb sitzend, halb liegend für ein Herrscher- oder Repräsentationsbildnis untypisch ist. Traditionell sitzen die dargestellten Figuren in dieser Form des Portraits mit gerader Haltung auf einem Sessel oder Thron.[31] Somit fällt auch das gewählte Möbel, die Chaiselongue, aus der Tradition und ist demnach ein weiterer Hinweis darauf, dass es sich hier nicht um ein klassisches Repräsentationsbild handeln kann.[32]

Die vornehm-achtlos im Zimmer zerstreuten Utensilien, Gegenstände von erlesenem Luxus, weisen auf ihr reges Interesse an den Künsten und Wissenschaften hin; so stehen z.B. die am Boden liegenden Pläne für ihre Tätigkeit als Bauherrin. Trotzdem die Baupläne und ihr Familienwappen auf einem Bucheinband und am gespiegelten Büchermöbel einen persönlichen Bezug zur Mätresse herstellen, und dadurch auch noch auf historisch belegbare Fakten hinweisen, so ist ihr verträumter, abgewandter Blick und das niedergesunkene Buch doch als Zeichen für den Mangel an Ernsthaftigkeit und den „luxuriösen Dilettantismus" zu

---

28 Bernhard Rupprecht „Bouchers Pompadour-Porträt von 1756", S. 274
29 Andreas Beyer „Das Portrait in der Malerei", S. 241
30 Ebenda, S.275
31 www.pompadour.historicum-archiv.net
32 Bernhard Rupprecht „Bouchers Pompadour-Porträt von 1756", S. 275

werten, der in aristokratischen Damenkreisen damals durchaus in Mode war.[33]

Der kleine Hund zu Füßen der Madame, taucht in der Kunstgeschichte immer wieder auf, nämlich traditionell als Symbol für Treue und Wachsamkeit. Hier, in diesem Gemälde Bouchers, haftet dem Symbol des Hundes wieder etwas Dokumentarisches an, denn höchstwahrscheinlich handelt es sich hierbei um den Zwergspaniel Mimi der Rasse „King Charles"; das geliebte Schoßhündchen der Marquise, den sie bereits vormals mehrfach hat portraitieren lassen. Einmal mehr ist an dieser Stelle also eine ehemals ikonologisch bedeutsame Beigabe zu einem Requisit luxuriöser Lebenshaltung und zudem zu einem individuellen, historischen Gegenstand geworden. [34]

Das Übermaß an echten und unechten Blumen im Bild könnten als eine weitere Anspielung angesehen werden, nämlich als ein Verweis auf Flora, die Göttin des Frühlings und der Blüte in der römischen Mythologie. Echte Blumen lassen sich im Portrait im Haar der Madame de Pompadour, am Bukett, zu ihren Füßen und auf dem Tisch zu ihrer Rechten finden. Jedoch überwiegen die unechten Blumen an der weitschwingenden Robe der Marquise die echten um ein Vielfaches. Da aus dem wahren Flora-Indiz somit wieder Ornament und Schmuck wird, nimmt es auch den Anspruch an die Göttin Flora zurück. Boucher nimmt die ikonographische Fixierung aus dem Leitbild der Rosen und nutzt sie so ausschließlich zum Zwecke der Assoziation. Auch dies, die Spannung zwischen Natur und Artefakt, ist typisch für die Strömung des Rokoko. [35]

Auch der Spiegel im Hintergrund birgt eine mögliche Mythologie, nämlich die der „Venus im Spiegel". Diese Assoziation wird durch den gespiegelten Amor direkt über der Madame de Pompadour noch unterstrichen. Der Fakt, dass der kleine Amor aber eben nur gespiegelt erscheint, zudem auch nur als Artefakt zur gespiegelten Uhr, und dass der Spiegel aller Wahrscheinlichkeit nach auch hauptsächlich als luxuriöser Einrichtungsgegenstand, denn als mythologisches Symbol zu verstehen ist, wird die potentielle Anspielung auf die Venus wieder entschärft[36]. Allerdings sind sowohl die Bezüge zur Flora, als auch zur Venus leichtfertig hergestellt, da Boucher die Mätresse eben nicht wirklich portraitiert, sondern idealisiert und nymphenhaft darstellt. In einem Brief an ihren Bruder schrieb die Madame de Pompadour, sie gefalle sich zwar in den Portraits von Francois Boucher, jedoch könne sie sich

---

33 Bernhard Rupprecht „Bouchers Pompadour-Porträt von 1756", S. 275
34 Ebenda, S. 276
35 Ebenda, S. 276
36 Ebenda, S. 277

nicht wirklich selbst darin erkennen.[37]

Der Spiegel hat im Gemälde gleichwohl noch eine andere Funktion inne: indem er die typische, neutrale Grundfläche des Rokoko-Portraits vertritt, ist er bestimmend für die optische und räumliche Dimension im Bild. Er betont keine Dunkelzone, sondern lediglich die Abwesenheit von Farb- und Dunkelwerten. Er ist somit der perfekte Grund für die Portraitierte, deren Farben nun aus sich selbst zu leuchten scheinen. Hier treten die Lichtwerte des Inkarnats und die dominante Konstellation von Rosé und Türkis gegen die Farblosigkeit des Spiegels an. Das Haupthaar der Mätresse mit der entfärbenden Puderung wirkt gewissermaßen als Vermittler zwischen der leuchtenden Farbigkeit im Vordergrund und dem stumpf-unbunten Farbwert des Spiegels im Hintergrund.[38]

5. Zusammenfassung und Fazit

Tizian und Francois Boucher definieren die Bildgattung des „Potraits" jeweils völlig unterschiedlich. Während Tizian wenig Wert auf die Details und Beigaben im Bild legt, sind diese für Boucher umso wichtiger. Im Gegensatz dazu sind die individuellen Züge der Figuren in den Werken Bouchers nahezu nicht vorhanden; die Individualität wird eben durch die persönlichen Beigaben im Bild verkörpert. Bei Tizian finden wir die Individualität der dargestellten Personen auf das peinlichste genau herausgearbeitet, was seine Portraits zu wahren Charakterstudien macht. Dies mag auch an den unterschiedlichen Zeiten liegen, in denen die beiden Künstler gelebt und gewirkt haben. Während es in der Renaissance, also der Zeit, in der Tizian lebte, vor allem um die genaue und eindeutige Wiedergabe des inneren Wesens und der äußeren Erscheinung der darzustellenden Person ging, war man zur Zeit des Rokokos eher darauf bedacht, die Spannungen zwischen der Natur und dem Wirklichen, und dem Künstlichen und Nebulösen zu veranschaulichen.

Beiden gemeinsam, wenn auch unterschiedlich interpretiert, ist die Wiedergabe der traditionellen „Attribute des Standesgemäßen" im repräsentativen Portrait.

---

37 Ebenda, S. 278
38 Bernhard Rupprecht „Bouchers Pompadour-Porträt von 1756", S. 277

6. Literaturverzeichnis

- Andreas Beyer „Das Porträt in der Malerei", 2002

- Angelo Walther „Tizian", 1978

- Antonio Paolucci „The Portraits of Titian", in: „Titian – Prince of Painters", 1990

- Bernhard Rupprecht „Bouchers Pompadour-Portrait von 1756", in: „Aufsätze zur Kunstgeschichte: Festschrift für Hermann Bauer zum 60. Geburtstag", 1991

- Ernst Buschor „Das Portrait", 1960

- Filippo Pedrocco „Tizian", 2000

- Jeanne Antoinette Poisson de Pompadour „Seien Sie immer heiter, wenn Sie immer schön bleiben wollen", 1999

- Klára Garas „Italian Renaissance Portraits", 1965

- Norbert Schneider „Portraitmalerei", 1990

- Roland Bothner „Venezianische Malerei: Tizian – Tintoretto – Veronese", 1999

Internetquellen:

- www.wikipedia.org, Stichwort „Portrait"

- http://kunst.gymszbad.de/portraet/tizian/tizian-01.htm

- Inga Reinert „Pompadour in den Künsten", unter:
  www.pompadour.historicum-
  archiv.net/themen/kunst_musik/pompadour_in_den_kuensten/09_repraesentationsbild
  nis.htm

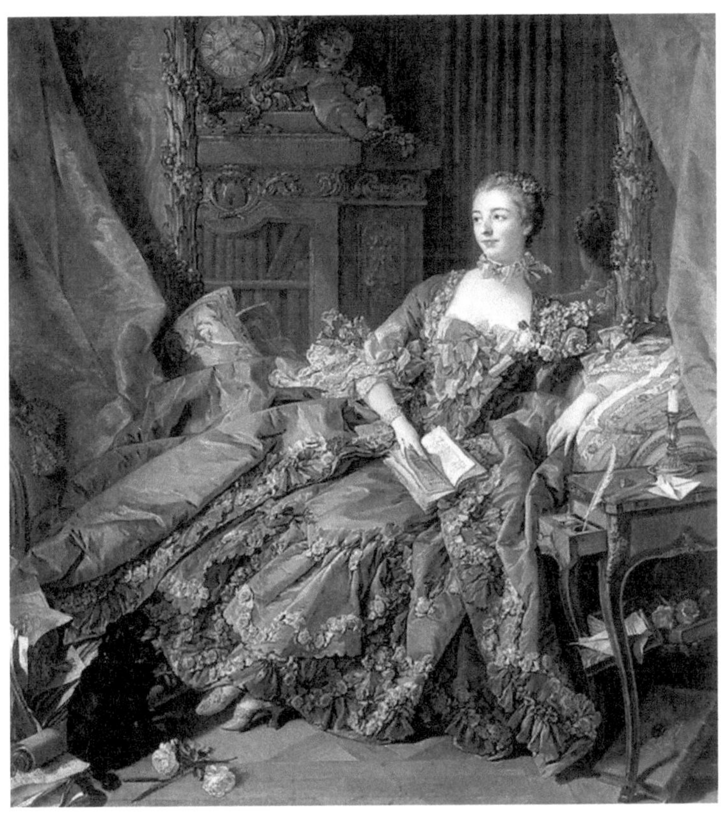

Francois Boucher „Madame de Pompadour", 1756

Öl auf Leinwand, 201 x 157 cm

Alte Pinakothek, München

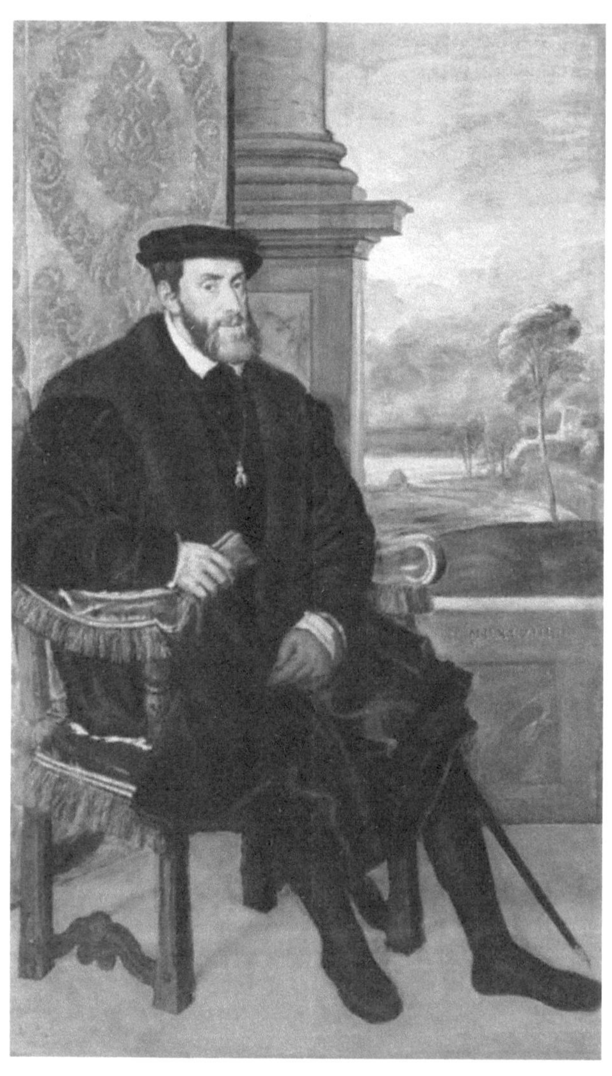

Tizian „Karl V. im Lehnstuhl", 1548

Öl auf Leinwand, 203,5 x 122 cm

Alte Pinakothek, München